AF581821

LES
FÊTES LIRIQUES,
NOUVEAU
BALLET-HÉROÏQUE,
EN TROIS ENTRÉES,
DE DIFFÉRENTS AUTEURS:

REPRÉSENTÉES,

PAR L'ACADEMIE-ROYALE
DE MUSIQUE,

Le Vendredi 29 Août 1766.

PRIX XXX. SOLS.

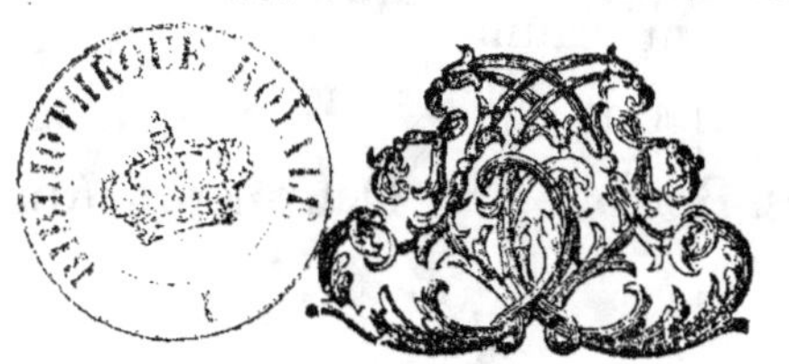

AUX DÉPENS DE L'ACADÉMIE.

A PARIS, Chés DE LORMEL, Imprimeur de ladite Académie, rue du Foin, à l'Image Sainte Genevieve.

On trouvera des Livres de Paroles à la Salle de l'Opera.

M. DCC. LXVI.

AVEC APPROBATION ET PRIVILEGE DU ROI.

ACTEURS CHANTANTS
DANS LES CHŒURS.

CÔTÉ DU ROI.		CÔTÉ DE LA REINE.	
Mesdemoiselles.	*Messieurs.*	*Mesdemoiselles.*	*Messieurs.*
Durand.	Chicot.	D'alliere.	L'écuyer.
Guillaume.	Vaudemont.	Salaville.	Albert. Tourcati.
La Croix.	Héri.	D'agée.	Bourdon.
Delor.	Cailteau.	Adélaïde.	Labourdette. Lagier.
Beauvais.	Lecoutre.	Duprat.	Feret.
Barrage.	Rose.	Lebourgeois.	Du Perrier.
Thévenot.	Robin.	Rosalie.	Boi.
Delaistre.	Antheaume.		Laurent.
Héri.	Méon.	Jouette.	Cavallier.
Desontebles.	Botson.	Desrosieres.	Michel.

LINDOR
ET
ISMENE.

PREMIERE ENTRÉE.

La Musique de cette Entrée est de M. FRANCŒUR, neveu, de la Musique du Roi, & de l'Académie-Royale.

ACTEURS.

LINDOR, *jeune Prince, amant d'*ISMENE, M. Pillot.

ISMENE, *jeune Princesse, amante de* LINDOR, Mlle. Dubois.

LE GRAND-PRÊTRE *des Sauvages,* M. Gélin.

SAUVAGES.

L'AMOUR, Mlle. Dubrieulle.

PLAISIRS *de la Suite de l'*AMOUR.

Le Scêne est dans une Ile de l'Inde, habitée par une Nation Sauvage.

PERSONNAGES DANSANTS

SAUVAGES.

M. GARDEL.

M. ROGIER.

M^rs^. RIVIERE, LEGER.

M^rs^. Trupti, Henri, Lani, 2., Lieſſe, Gardel, c., Lani, 3., Langlois, Aubri.

PLAISIRS.

Mlle. GUIMARD.

Mlles. GRANDI, GAUDOT.

Mlles. Mercier, Larie, Mimi, Darci, Ledoux, David, l., l'Huillier, Delfevre.

LINDOR ET ISMENE,

PREMIERE ENTRÉE.

Le Théâtre représente, d'un côté, les tombeaux des rois sauvages, entremêlés de rochers & de ciprès; de l'autre côté, partie d'une forêt & des antres obscurs; tout le fond est occupé par la mer: sur le devant, & proche des tombeaux, on voit un autel rustique.

(L'obscurité regne sur le théâtre.)

SCÊNE PREMIERE.

ISMENE, *seule.*

OÙ suis-je? quel est ce rivage?
Je cherche envain Lindor dans ces affreux deserts.

Après avoir bravé les rigueurs de l'orage,
Suis-je seule échappée à la fureur des mers ?

Tendre Amour! sois touché de mes tristes allarmes,
Montre-toi protecteur des amants malheureux:
Daigne rendre à mes vœux
Le digne objet qui fait coûler mes larmes!
Hélas! ce n'est qu'à toi que je puis recourir;
Mais, quels que soient les maux qu'en ces lieux je déplore,
Ce n'est point pour mes jours que mon âme t'implore;
Si mon amant n'est plus, je ne veux que mourir.

(*On entend l'annonce d'une marche de Sauvages.*)

Les habitants de ce climat sauvage
Font retentir ces bords de leurs cris furieux;
Je vais trouver ici la mort, ou l'esclavage;
Est-ce-là l'heureux sort que m'ont promis les Dieux?

(*Elle se retire derriere un rocher, qui la dérobe aux yeux des Sauvages.*)

SCENE

SCÈNE II.

ISMENE, *cachée*, *le* GRAND-PRÊTRE *des Sauvages*, *accompagné des* PEUPLES *Sauvages*.

(*Une Marche.*)

LE *GRAND-PRÊTRE*, *dans une attitude consternée.*

Couvert d'une noble pouſſière,
Le roi de ces États
A perdu la lumière :
Au milieu des combats
Il a fini ſa brillante carrière ;
La mort nous a ravi ce héros indomté ;
Elle ſeule a ſur lui remporté la victoire :
Et ces tombeaux ſont l'écueil redouté
Où vient de ſe brîſer ſa gloire.

LE *CHŒUR.*

Verſons du ſang ; honorons ſa mémoire
Juſques dans le ſéjour par la mort habité.

LE *GRAND-PRÊTRE.*

Malgré les vents, malgré l'orage,
Aucun étranger à nos yeux

Ne s'eſt offert ſur ce rivage ;
Un de vous doit mourir , c'eſt la loi de nos Dieux.

LE CHŒUR

Nommés le mortel glorïeux
Qui doit expirer pour ſon maître.

LE GRAND-PRÊTRE.

Aſtre brillant, hâte-toi de paroître ;
Soleil, montre-moi le mortel
Qui doit tomber au pié de cet autel.

(*Pendant ce morceau , le theâtre s'éclaire.*)

Nous devons ce tribut de la valeur guerrière ,
Aux mânes de nos rois , ainſi qu'à ta lumière.

(*Appercevant la Princeſſe.*)

Mais un ſang étranger s'offre à notre couroux !

LE GRAND-PRÊTRE & le CHŒUR, *à la Princeſſe qui paroît.*

Tu vas expirer ſous nos coups.

ISMENE.

De mes jours malheureux faites le ſacrifice ;
Mon cœur ne redoute plus rien.
La mort eſt le ſuprême bien ,
Lorſque la vie eſt un ſuplice.

LE GRAND-PRÊTRE, *à la Princeſſe.*

Tu n'auras pas long-tems à te plaindre du ſort.
A cet autel vas attendre la mort.

(*Sur un air, les Sauvages conduiſent* ISMENE *à l'autel, où ils l'enchaînent.*)

LE GRAND-PRÊTRE, *armé d'une hache.*

Mânes célebres
Du héros le plus gloriëux,
Au bruit de nos clameurs & de nos cris funebres,
Recevés ce ſang préciëux.

(*Il s'éléve une tempête, dans le tems qu'il veut frapper la Princeſſe; elle tombe évanouie au pié de l'autel.*)

LE GRAND-PRÊTRE & le CHŒUR.

Quelle horreur ſe répand ſur toute la nature!
Le jour fuit, l'air mugit, les flôts ſont agités;
Les vents, dans leur caverne obſcure,
Frémiſſent de ſe voir trop long-tems arrêtés.
(*On entend le tonnerre.*)
Qu'elle horreur ſe répand ſur toute la nature!
Avons-nous mérité la colere des Dieux?
Dans nos antres profonds évitons leur tonnerre;
Cherchons, dans le ſein de la terre,
Un aſile contre les Cieux.

(*Les Sauvages rentrent dans leurs cavernes, & la tempête redouble. En même tems on voit arriver* LINDOR *sur les débris d'un vaisseau qui, par l'agitation des flôts, échoue contre un rocher, & est aussitôt abîmé.*)

SCÈNE III.

LINDOR, ISMENE, *enchaînée à l'autel.*

LINDOR, sans appercevoir la Princesse.

A L'aspect de ces bords je soûpire, je tremble :
D'où n'aît le trouble de mes sens?

ISMENE, sans voir LINDOR.

O mort! viens terminer les maux que je ressens.

LINDOR, appercevant ISMENE.

Que vois-je! justes Dieux, le destin nous rassemble?

ISMENE.

Ciel, Lindor!

LINDOR.

Quoi, des fers!

ISMENE.

Jugés de mes malheurs ;
Voyés le sort qu'on me prépare.

Si le Ciel réunit nos cœurs,
C'eſt pour les ſéparer par un coup plus barbare.

LINDOR.

Quel ſpectacle pour un amant !
En quel état le Ciel vous rend-il à mes larmes ?
Qu'il me fait payer chérement
Le funeſte plaiſir de revoir tant de charmes !

ISMENE.

Vous vivés ! le deſtin à rempli mon eſpoir.
Ma douleur cede au plaiſir de vous voir.

LINDOR.

Ce fer peut détourner le coup qui vous menace !

ISMENE.

Ne vous expôſés point vainement au trépas ;
Perdés une inutile audace :
En périſſant pour moi, vous ne me ſauvés pas.

ENSEMBLE.

Je vous perds ? o deſtin funeſte !
Quoi ! la mort va brîſer des nœuds ſi pleins d'attraits ?
Nous nous voyons encor, ce moment ſeul nous reſte ;
L'inſtant qui le ſuivra nous ſépare à-jamais !

LE CHŒUR, derriere le théâtre.

Le Ciel de ſon tonnerre
N'étonne plus la terre ;
Sortons, ſortons
De nos antres profonds.

ISMENE.

J'entends les cris affreux de ce peuple barbare !
Lindor ſéparons nous.

LINDOR.

L'Amour m'unit à vous.

ISMENE.

Fuyés la mort qu'on me prépare ;
Le Ciel nous laiſſe ſans ſecours.

LINDOR.

Juſqu'au dernier moment je défendrai vos jours.

SCÈNE IV.

Les Sauvages, rentrants ſur le Théâtre, le GRAND-PRÊTRE *à leur tête,* ISMENE & LINDOR.

LE *CHŒUR.*

SUivons un tranſport légitime ;
Achevons, frappons la victime.

ISMENE, à LINDOR.

Cher Prince ! évités leur fureur.

LINDOR, aux Sauvages.

Ah, cruëls, arrêtés ! percés plûtôt mon cœur :
Je vous offre mon ſang, égargnés ce que j'aime ;
Pour un objet charmant laiſſés-vous attendrir.

LE *GRAND-PRÊTRE.*

Non, rien ne peut la ſecourir :
Fuis, ou crains pour toi-même.

LINDOR, mettant l'épée à la main.

Avant ſa mort, cruëls ! éprouvés mon couroux.

ISMENE.

Prince, que faites-vous ?

LE GRAND-PRÊTRE, *aux Sauvages.*

Puniſſons ce téméraire ;
Qu'il éprouve notre colere ;
Qu'il tombe ſous nos coups !

(On entend une ſimphonie douce ; les chaînes d'Iſmene ſe brîſent ; l'autel s'abîme.)

LE CHŒUR.

Qu'elle inviſible puiſſance
S'oppôſe à nos juſtes fureurs ?
La ſoif de la vengeance,
Malgré nous, s'éteint dans nos cœurs !

SCÊNE V.

(L'Amour deſcend des Cieux.)

LES ACTEURS DE LA SCÊNE PRÉCÉDENTE.

L'AMOUR, les JEUX & les PLAISIRS.

L'AMOUR.

MAlheureux habitants de ce climat ſauvage,
N'irrités plus les Dieux par un coupable hommage.
Je viens bannir l'horreur de ce triſte ſéjour ;

(Le théâtre change, & repréſente un Palais agréable.)

A ce bienfait reconnoiſſés l'Amour :

Votre

Votre bonheur est mon ouvrage.
Ismene, & vous, Lindor, régnés en ces climats :
Les plaisirs désormais seront votre partage ;
Je les enchaîne sur vos pas.

(l'Amour remonte aux Cieux.)

ISMENE & LINDOR.

Dieu charmant ! tes faveurs pâssent notre espérance ;
Tu nous combles de tes bienfaits.
A ressentir ta flâme, à chanter ta puissance,
Nos tendres cœurs bornent tous leurs souhaits.

(Les Jeux & les Plaisirs forment un divertissement, auquel les Sauvages se joignent.)

LE CHŒUR.

Chantons l'Amour, que ce Dieu nous enchaîne :
Livrons nos cœurs au pouvoir de ses feux.
Avec des fleurs sa main forme la chaîne
Qui soûmet à ses loix les mortels & les Dieux.

(Le divertissement continue.)

ISMENE.

Amour, Amour ! du séjour du tonnerre
Veille sans-cêsse au destin des mortels.
Dans tous les cœurs tu trouves des autels ;
Tu fais le bonheur de la terre.

Regne à-jamais sur l'univers !
Qu'en ces lieux les plus doux concerts
Chaque jour célebrent ta gloire.
Trïomphe, vole à la victoire ;
Regne à-jamais sur l'univers !

(*Un divertissement général termine cette Entrée.*)

FIN DE LA PREMIERE ENTRÉE.

ANACRÉON.

DEUXIEME ENTRÉE.

La Musique est de RAMEAU.

ACTEURS.

ANACRÉON,	M. L'Arrivée.
BATILE,	M. Legros.
CLHOÉ,	Mle. L'Arrivée.
UN ÉGIPAN,	M. Dupar.

JEUNESSE THÉONIENNE.

ÉGIPANS & BACCHANTES.

PERSONNAGES DANSANTS.

JEUNESSE DE THÉOS.

M^rs. MALTER, LEBRUN, SLINGSBI.
Mlles. DUPERREI, DERVIEUX, LEROI.
M^rs. Béate, Cezeron, Giguet, Bourgeois.
Mlles. Vernier, Cornu, Dauvilliers, Sidonie.

SILENE.

M. D'AUBERVAL.

BACCHANTES.

Mlles. ALLARD, PESLIN.
Mlle. LIONNOIS.
Mlles. Demiré, St Martin, Siane, Rouſſelet, Larie, David, c.

ÉGIPANS.

M. LIONNOIS.

M^rs. Trupti, Henri, Lani, 1., Granier, Deſpreaux, Gardel, c.

ANACRÉON,
DEUXIEME ENTRÉE.

*Le Théâtre repréſente les Jardins d'*ANACRÉON*, preparés pour une fête.*

SCÈNE PREMIERE.

ANACRÉON, ſeul.

MIrthes fleuris, naiſſant feuillage,
Où Flore & les Amours ont fixé les zéphirs ;
Berceaux charmants, que votre ombrage
Me promet encor de plaiſirs !
Deux cœurs, que j'ai formés, qu'un doux penchant engage,
Penſent qu'Anacréon ignore leurs ſoûpirs :
D'ici je vois leur trouble & j'entends leur langage.
J'allarme, tour-à-tour, & flate leurs deſirs :
J'aime à jouïr de mon ouvrage ;

Et cet innocent badinage
De l'hiver de mes ans embellit les loisirs.
Mirthes fleuris, *&c.*

SCÈNE II.

ANACRÉON, CLHOÉ, *portant à la main des tablettes ouvertes.*

CLHOÉ.

VOus nous cachés l'objet de la fête galante
Dont vous annoncés les apprêts.

ANACRÉON.

Clhoé, vous la rendrés charmante.
Aux accents de Batile, à votre voix brillante
Que mes vers vont devoir d'attraits!

CLHOÉ.

Le sentiment se peint dans ceux que je dois dire;
Eh, quels charmes encor pourois-je leur prêter!

ANACRÉON.

C'est l'Amour qui me les inspire;
C'est aux Grâces à les chanter.

Que j'aime à les voir rire & folâtrer ensemble!
Je ne leur offre plus ces fleurs de mes beaux jours;
Mais je veux, près de moi, que l'Himen les rassemble
Et les y fixe pour toûjours.

CLHOÉ.

CLHOÉ.

Nommés-nous l'heureuſe mortelle
Dont l'himen, de vos jours va combler le bonheur ?
Qu'elle ſera chere à mon cœur !
Tous nos chants, tous mes vœux ne ſeront que pour elle.

ANACRÉON, *à part.*

J'aime à jouïr de ſon erreur.
(*haut.*)
Tout me parle en votre faveur :
L'Amour vous a choiſie & l'Himen vous appelle.

CLHOÉ, *à part.*

Qu'entends-je ? ah, Dieux !

ANACRÉON.

L'eſprit, les talents, la beauté,
Vous avés tout, ſans rien prétendre :
Les Grâces ont moins de gaîté,
Et je vous crois un cœur plus tendre.

CLHOÉ.

Seigneur... Batile...

ANACRÉON.

Eh bien ?

CLHOÉ.

Chante-t-il dans nos jeux ?

ANACRÉON.

Oui, Batile y verra comme un bien précïeux
Les tendres ſoins où je me livre.
J'ai vu, ſous ces berceaux, & je lis dans vos yeux
Les doux tranſports qui vont les ſuivre.

CLHOÉ, *à part.*

Le cruël a tout entendu!

ANACRÉON, *à part.*

Qu'elle a d'attraits dans ce trouble ingénu!
(*haut.*)
Comme une fleur, quand l'hiver cèſſe,
Renaît, s'épanouït au ſouffle des zéphirs;
Au feu de vos regards, où ſe peint la tendreſſe,
Je ſens renaître les plaiſirs:
C'eſt Hébé, ſous vos traits, qui me rend la jeuneſſe.

CLHOÉ.

Seigneur....

ANACRÈON.

Vous rougiſſés! ce modeſte embarras
Vous donne une fraîcheur nouvelle:
Je ne vous vis jamais ſi belle.
(*à part.*)
Ah, qu'à cet âge on a d'appas!
(*haut.*)
Mais je me dois aux ſoins de l'himen que j'apprête.

CLHOÉ, à part.

Juſte Ciel ! quel himen !

ANACRÉON, en s'en allant.

Je vais prèſſer la fête.

SCÈNE III.

CLHOÉ, ſeule.

Tendre Amour ! vole à mon ſecours.
Une chaîne de fleurs, que tes feux ont fait naître,
Doit, comme eux, triompher, toûjours.

Les vers d'Anacréon me les firent connoître ;
Qu'ils me préſageoient de beaux jours !
Pere aimable, généreux maître,
Doit-il, dans leur printems, en troubler l'heureux cours ?

Tendre Amour ! vole à mon ſecours.

(*Batile paroît au fond du théâtre, les yeux attachés ſur des tablettes qu'il tient.*)

Ciel, c'eſt Batile ... Hélas !

SCÈNE IV.

CLHOÉ, BATILE, *des tablettes à la main.*

BATILE, *à part.*

Que j'aime à les apprendre,
Et que le chant en eſt heureux!
(*appercevant Clhoé & courant à elle.*)
Ah, ma Clhoé! daignés entendre
Ce que je chante dans nos jeux.
(*Il continue en liſant dans ſes tablettes.*)
« Des Zéphirs, que Flore rappelle,
» Je voulois chanter le retour:
» Je vis Clhoé ... qu'elle étoit belle!
» Je ne pus chanter que l'Amour.
» Je lui conſacrai, dès ce jour,
» Tous mes vœux, mes vers & ma lire:
» C'eſt pour Clhoé que je reſpire,
» Je ne chante qu'elle & l'Amour. »
Dieux! vous pleurés!

CLHOÉ.

Hélas! cette fête, ces jeux
Sont des chaînes qu'on me prépare.
D'Anacréon enfin l'Amour fixe les vœux;
C'en eſt fait: pour-jamais, Batile, on nous ſépare.

BATILE.

Qu'entends-je?.. Anacréon!.. Dieux, qu'elle crüauté!..
A ce coup devois-je m'attendre ?
Ses bienfaits me charmoient ; mon cœur étoit flaté
Que votre main pût en dépendre.

CLHOÉ.

Je le chéris encor, je ne puis m'en défendre,
Quoique sa flâme ait éclaté :
Que je l'aurois aimé, s'il eût été moins tendre !

BATILE.

Quoi ! c'est Anacréon qui fait des malheureux ?
Non, non! il ne sait point les nœuds qui nous unissent.

CLHOÉ.

Il sait tout.

BATILE.

A ses piés allons mourir tous deux,
Ou que nos larmes le fléchissent.

CLHOÉ.

Il n'eſt plus tems ; les jeux ſont prêts :
L'eſpoir, qui l'a ſéduit, le décide & l'enchante.
Jugés de ſes tranſports ſecrèts
Par les vers qu'il veut que je chante.
(*Elle continue en liſant dans ſes tablettes.*)
« Mille fleurs parfument les airs ;
» Le Zéphir vole & les careſſe.
» Heureux oiſeaux ! jamais vos ramages divers
» Nont exprimé tant de tendreſſe.
» L'Amour, caché dans ces beaux lieux,
» A-t-il pris ſoin de leur parure ?
» Non : il eſt dans mon cœur ; & ſa flâme, à mes yeux,
» Embellit toute la nature ! »

BATILE.

Dieux ! ces chants ne ſont pas pour moi,
Et je me plais à les entendre ?

CLHOÉ.

Batile, en te voyant, j'oublïois mon effroi.
Hélas, mon cœur croyoit t'apprendre
L'amour dont il brûle pour toi.
(*On entend l'annonce de la fête.*)

BATILE & CLHOÉ.

O ciel ! on vient.

SCÈNE V.

CLHOÉ, BATILE, ANACRÉON, *Jeunesse de* THÉOS, *qui environne* ANACRÉON.

LE CHŒUR.

RÉGNÉS, remplissés nos moments
Jeux charmants,
Leger badinage.

ANACRÉON.

Mettre à profit tous les instants
Est l'unique soin du vrai sage.
Il naît des fleurs dans tous les tems,
Il est des plaisirs à tout âge.

LE CHŒUR.

Régnés, *&c.*

(*On danse.*)

ANACREON.

Des caprices du sort je crains peu les retours.
Je jouïs du présent, j'en connois l'avantage :

Je retrouve, au déclin de l'âge,
Les jeux rïants de mes beaux jours.

Livrons aux doux plaiſirs chaque inſtant qui nous reſte;
Et courons au terme funeſte
En joüant avec les Amours.

Des caprices du ſort, &c.

(*La fête continue.*)

ANACRÉON.

C'eſt lorſque vous chantés que le plaiſir commence;
Clhoé, faites briller vos aimables accents.

CLHOÉ, bas à BATILE.

Un froid mortel glace mes ſens.

ANACRÉON.

Batile, d'où naît ſon ſilence?

BATILE, bas à CLHOÉ.

Je tremble.

ANACRÉON, à tous deux.

Mes regards ſemblent vous allarmer...
Ah, parlés; c'eſt trop vous contraindre.
Je ne veux que me faire aimer;
Eſt-ce moi que vous devés craindre?

CLHOE.

CLHOÉ.

Un ſecret déplaiſir nous agite tous deux...
Batile doit vous en inſtruire.

BATILE.

Clhoé ſait embellir tout ce qu'elle veut dire...
Elle vous l'expliquera mieux.

ANACRÉON.

Non, non, chers enfants, dans vos yeux
C'eſt à ma tendreſſe à le lire.

J'ai voulu, quelque tems, jouïr de vos ſoûpirs:
Rendre heureux ce qu'on aime, eſt l'amour de mon âge.
Qu'à former vos deux cœurs j'ai goûté de plaiſirs!
Mais c'eſt en comblant vos deſirs
(*Il unit* BATILE & CLHOÉ.)
Que je couronne mon ouvrage.

CLHOÉ.

Non, rien ne manque à mon bonheur:
La main qui nous unit le rend plus doux encore.

BATILE.

Ah! jouïſſés tous deux des tranſports de mon cœur:

(*à* Anacréon, *& dans ses bras.*)	(*en se précipitant vers* Clhoé.)
Que je vous aime!...	Je l'adore!

Qu'Anacréon dans ce séjour
Trouve tous les plaisirs ensemble.

Dans vos jeux, dans nos chants peignons-lui, tour-à-tour,
L'Himen, qui nous unit, Bacchus, qui nous rassemble:
Il suffit de Clhoé pour lui peindre l'Amour.

SCÈNE VI.

LES ACTEURS DE LA SCÊNE PRÉCÉDENTE.
SILENE, ÉGIPANS, & BACCHANTES.

(*La fête recommence & devient une imitation galante de celles que les Grecs, dans leurs jours de plaisir, avoient imaginées en l'honneur du Dieu de la Gaîté.*)

CLHOÉ.

QUand l'Amour enflâme nos cœurs,
Tout s'embellit, tout nous enchante;
Le zéphir vole, l'oiseau chante;
La terre à nos regards n'offre plus que des fleurs.

(*Le divertissement continue.*)

CLHOÉ.

L'Amour, rïant & sans bandeau,
Autour de nous vole sans-cèsse:
Une de ses mains nous caresse;
L'autre, pour l'enflâmer, agite son flambeau.

(*La fête continue.*)

ANACRÉON, CLHOÉ, un ÉGIPAN, & le CHŒUR.

Chantons Bacchus, chantons ſa gloire;
Chantons l'Amour & ſes bienfaits.
Qu'ils trïomphent à-jamais
Sur un même char de victoire.

(Cette Entrée eſt terminée par un divertiſſement général)

FIN DE LA DEUXIEME ENTRÉE.

ÉROSINE,

PASTORALE-HÉROÏQUE,

EN UN ACTE,

Représentée, devant LEURS MAJESTÉS, *à Fontainebleau, le 9 Novembre 1765.*

TROISIEME ENTRÉE.

Le Poeme est de M. de MONCRIF, *Lecteur de la* REINE, *l'un des Quarente de l'Académie-Françoise, Membre de l'Académie-Royale des Sciences & Belles-Lettres de Berlin, & de la Société-Royale de Nanci.*

La Musique est de M. BERTON, *Maître de Musique de l'Académie-Royale.*

ACTEURS.

ÉROSINE, *Nimphe de Tempé*, Mlle. Arnould.

ZAMNIS, *Amant d'*ÉROSINE, Mr. Legros.

ZÉLIMA, *compagne d'*ÉROSINE, Mlle. Dubrieulle.

BERGERS & BERGERES, *représentant des Divinités champêtres.*

FAVORIS *des* MUSES & *différents* PEUPLES *qui possédent les trésors de la terre.*

PERSONNAGES DANSANTS.

PREMIER DIVERTISSEMENT.

BERGERS & BERGERES.

M. Vestris, Mlle. Guimard.

Mrs. Dossion, Granier, Aubri, Bourgeois.

Mlles. Adélaïde, Vernier, Leroi, Dauvilliers.

ÉGIPANS & DRIADES.

Mrs. Trupti, Henri, Lani, 1., Granier, Despreaux, Gardel, c.

Mlles. Riviere, Bouscarelle, l'Huillier, Dupin, Duthé, Perseval.

SECOND DIVERTISSEMENT.

RIS & JEUX.

M. Malter, Mlle. Duperrei.

Mrs. Dubois, Liesse, Giguet, Langlois.

Mlles. Isoire, Sidonie, David, l. Delfevre.

ASIATIQUES.

Mde. Pitrot.

Mlles. Demiré, St Martin, Grandi, Gaudot.

AFFRICAINS.

Mrs. Leger, Riviere, Lani, 2., Lani, 3.

PASTRES.

Mrs. Lani, d'Auberval.

Mlles. Allard, Peslin.

EROSINE,
TROISIEME ENTRÉE.

Le Théâtre représente un séjour champêtre.

SCÈNE PREMIERE.

ZAMNIS *& plusieurs Pasteurs, représentant des divinités champêtres.*

ZAMNIS.

CHantons, offrons à la belle Érosine
D'ingénïeux amusements.
Sans peine on imagine
Des jeux nouveaux pour les objèts charmants.
Quand nos fêtes éclatent,
Divers tableaux, à tous moments,

L'attirent, l'étonnent, la flatent;
Ils lui ſemblent formés par des enchantements.

LE CHŒUR.

Chantons, offrons à la belle Éroſine
D'ingénïeux amuſements
Sans peine on imagine
Des jeux nouveaux pour les objèts charmants.

ZAMNIS.

(*aux Paſteurs.*) (*à part.*)
Allés..... Entretenons, par une heureuſe adreſſe,
La douce erreur qui l'occupe-ſans-cèſſe.
(*Les Paſteurs rentrent dans une grotte*)

SCÈNE II.

ZAMNIS, seul.

CE n'est pas un crime, en aimant,
D'emprunter un peu d'art, pour plaire.
Au seul nom de l'Amour, à l'aspect d'un amant
Érosine fesoit éclater sa colere.
Nos jeux, quel heureux changement!
Ont adouci cette âme, à l'Amour si contraire.
Ce n'est pas un crime, en aimant,
D'emprunter un peu d'art, pour plaire.
Entre elle & Zélima, sa compagne ordinaire,
Mes soins, partagés constamment,
Laissent douter qui des deux m'est plus chere.
Érosine s'applique à percer ce mistere;
Augmentons, s'il se peut, ce doux empressement.
Ce n'est pas un crime, en aimant,
D'emprunter un peu d'art, pour plaire
Elle paroît; fuyons: & par de nouveaux jeux
Excitons sa surprise, en amusant ses yeux.

SCÊNE III.

ÉROSINE & ZÉLIMA.

ÉROSINE.

OUi, cet inconnu, plus j'y penſe,
Ne peut être qu'un enchanteur.
Sa voix & ſes regards ont un charme flateur;
Toûjours quelque merveille annonce ſa préſence.

Vous étiés avec moi dans ce rïant ſéjour
Lorſqu'un enfant, auſſi beau que le jour,
De mirthe couronné, ſortit de ce boccage;
Il s'avance, en danſant, & forme un aſſémblage
De fleurs, qui nous traçoient les chiffres de l'Amour,
En partant il nous dit, dans le plus doux langage:
» C'eſt pour celle qui ſait charmer;
» C'eſt pour celle qui ſait aimer.

ZÉLIMA.

L'inconnu vous rendoit hommage.

ÉROSINE.

Soyons de bonne foi, nous l'aimons toutes deux.

ZÉLIMA.

Vous ſeule, & j'y conſens, fixerés tous ſes vœux.

ÉROSINE.

Non, non: parlés, ſans vous contraindre.
Hé! de quoi pourois-je me plaindre?
On ſent ſi bien qu'il eſt fait pour charmer,
Qu'à ſa rivale même
On pardonneroit de l'aimer.
Mais comment de nous deux juger celle qu'il aime?

ZÉLIMA.

Voulés-vous connoître un portrait
De la beauté qu'il préfere?
Conſultés cette onde claire,
De l'inconnu vous ſaurés le ſecret:
Voyés vos traits charmants dans cette onde ſi claire,
Vous jouïrés d'un trïomphe parfait.

ÉROSINE.

Non, lui ſeul peut bannir ma triſte incertitude.
Sitôt que je vis l'enchanteur,
Un trouble ſéduiſant m'annonça mon vainqueur.
Je cédai, ſans inquïétude:
L'Amour eut d'abord dans mon cœur
Tout le charme de l'habitude.

Peut-être à trop d'espoir j'aurai pu me livrer.

(On entend une simphonie.)

Quels sons!

ZÉLIMA.

C'est l'enchanteur : il vient vous rassûrer

SCÊNE IV.

ZAMNIS, *suivi de* DIVINITÉS *champêtres.*

Les ACTEURS de la Scêne précédente.

(Le fond du théâtre change, & représente une campagne & des bosquèts agréables ; il s'éleve en même-tems au milieu du théâtre des palmiers ornés de fleurs & couronnés par un Amour. Sur deux trônes, qui sont sous les berceaux que forment les palmiers, ÉROSINE & ZÉLIMA sont placées par les divinités qui compôsent le ballet, & pendant la fête toutes deux reçoivent une couronne, sans que rien marque aucune préférence.)

ZAMNIS.

QU'à nos accords tout réponde :

Je les offre à l'objet qui me tient enchanté.

Que ſont les talents dans le monde,
S'ils ne célebrent la beauté?

ZAMNIS & le CHŒUR.

Qu'un charme heureux
L'inſpire,
L'attire;
D'un trait flateur
Que la vive ardeur
Soit le bonheur.
Que dans ſon âme
Regne l'Amour! qu'il trïomphe, l'enflâme
De tous ſes feux.
Ah, ah! quel ſort heureux!
Qu'à nos accords tout réponde:
Offrons les à l'objet qui {me/le} tient enchanté
Que ſont les talents dans le monde,
S'ils ne célebrent la beauté?

ZAMNIS, *ſeul.*

Vainement nos jeux, chaque jour,
S'empreſſent,
Et renaiſſent

(*avec le* CHŒUR.)

Sans l'Amour, non, non, jamais
Rien n'a d'attraits.

Divin Amour !

ZAMNIS.

Dieu de mon âme !
Cher enchanteur !
Répands ta flâme,
Remplis tout mon bonheur,
Couronne { mon / ſon } ardeur !
Qu'à nos accords tout réponde :
Je les offre à l'objet qui me tient enchanté.
Que ſont les talents dans le monde,
S'ils ne célebrent la beauté ?

SCÊNE V.

(*Les Perſonnages de la fête ſe retirent ;* ZÉLIMA *rentre avec eux :* ZAMNIS *s'avance pour les ſuivre,* ÉROSINE *l'arrête.*)

ÉROSINE.

QUoi, déja les jeux ſont finis !
Pourquoi quitter ces lieux, par votre art embellis ?
Vous n'y voyés donc plus l'objet de votre fête ?

ZAMNIS.

Si le ſeul plaiſir des jeux,
Dans ce ſéjour vous arrête,
Parlés, & bientôt à vos yeux
D'autres ſpectacles vont paroître.

ÉROSINE.

Comment un enchanteur ſait-il ſi peu connoître
Ce que m'intéreſſoit dans de ſi doux moments !

ZAMNIS.

Je n'ai point des enchantements
La ſcïence infinie ;
Mais le plus puiſſant Génie
Dirige tous mes ſoins & peint mes ſentiments.

ÉROSINE.

Son art, ingénïeux & tendre,
Sert bien ce même amour, dont vous cachés l'objet.
Quel eſt donc ce Génie ? ah ! daignés me l'apprendre.

ZAMNIS.

Vous le connoitrés mal, ſi lui-même en ſecret
Ne ſe plaît à vous en inſtruire.

ÉROSINE.

Pourquoi me le cacher, ſi vous pouvés le dire ?
Parlés ; avec plaiſir j'entendrai ſon portrait.

ZAMNIS.

Vous ?

ÉROSINE.

Ne tardés pas davantage.

ZAMNIS.

J'obéis, mais à regret ;
Vous croirés que d'un monſtre ou vous trace l'image.

Tiran impérïeux,
Vainqueur le plus aimable ;
Timide, audacïeux,
Indulgent, implacable ;
Par un charme inexplicable,
Il eſt, dans le même moment,
Cruël, haïſſable,
Flateur & charmant.

ÉROSINE.

Ciel! quel mélange redoutable!

ZAMNIS.

De ſon pouvoir ſur moi connoiſſés la rigeur.
Je ſuis né pour aimer, il me force à me taire,
Si la beauté, qui cauſe mon ardeur,
Auſſi tendre que moi, ne me dit la premiere
Que l'Amour m'a livré ſon cœur.

ÉROSINE.

Eût-on jamais la foibleſſe
D'avouër ſa tendreſſe
Au plus aimable amant,
Avant que lui-même
Jure cent fois qu'il vous aime
Le plus tendrement?

ZAMNIS.

Je cede à mon tiran, je ne puis m'en défendre.
Le barbare! il a preſcrit
Les mots charmants qui me feroient entendre
S'il eſt vrai qu'on me chérit.
Envain je brûlerai de l'amour le plus tendre.

ÉROSINE.

Hé! quels mots ſont choiſis pour un aveu ſi doux?

ZAMNIS.

Lui ſeul encor pouroit vous en inſtruire ;
S'il m'avoit permis de les dire,
Je ne les apprendrois qu'à vous.

ÉROSINE.

Quoi ! ſi j'étois l'objet de votre flâme,
Quoi ! ſi je vous aimois, je dirois vainement....
Aidés mon cœur à faire un aveu ſi charmant?

ZAMNIS.

Ah ! cet aveu, dans le fond de mon âme,
Je vous le dicte à tout moment.

ÉROSINE, *avec embarras.*

Aurois-je... deviné?... n'eſt-ce pas... je vous aime...
(*avec tranſport.*)
Plus tendrement qu'on n'a jamais aimé ?

ZAMNIS, *aux genoux d'*ÉROSINE.

Ah, charmante Éroſine ! Amour ! bonheur ſuprême!
Enfin votre cœur déſarmé
Cede à ma tendreſſe extrême ;
Ne voyés que l'amant, oubliés l'enchanteur ;
Tout mon art eſt d'aimer de la plus tendre ardeur.

ÉROSINE.

Quand je croyois en vous voir un pouvoir suprême,
Jugés si l'enchanteur pouvoit seul m'enflâmer !
Je disois en secret : s'il ne veut que charmer,
Il n'a besoin que de lui-même.

ZAMNIS.

De la flâme qu'Amour inspire,
Partagés la tendre ardeur.

ÉROSINE.

De la flâme qui vous inspire
Exprimés la tendre ardeur.

ZAMNIS & ÉROSINE.

Que j'aime à vous entendre, & que j'aime à vous dire
Combien vous régnés dans mon cœur !

SCÊNE DERNIERE.

ZAMNIS, ÉROSINE, CHŒUR.

ZAMNIS.

PEuples, chéris du Dieu qui m'a donné le jour,
Venés & consacrés mille jeux à l'Amour.

(*La Scêne change ; on voit s'élever le Palais du Dieu que* ZAMNIS *vient d'invoquer : c'est le Dieu des richesses.* ÉROSINE *jouit du bonheur de connoître, que pour se rendre digne de lui plaire,* ZAMNIS *n'a employé que le don qu'il a d'aimer, & ses talents aimables. Les Peuples qui possédent les trésors, arrivent avec les Arts.*)

ZAMNIS.

Célébrés, couronnés par des chants de victoire
Le plus charmant objet, l'amant le plus heureux ;
Amour, par de plus tendres feux
Tu ne peux signaler ta puissance & ta gloire.

LE CHŒUR.

Célébrons, couronnons, &c.

On danse.

ÉROSINE.

Chantés, aux accords de la lire,
Tous les dons charmants réunis;
Aux Amours vous entendrés dire,
» C'eſt-là le portrait de Zamnis.

LE CHŒUR.

Chantons, *&c.*

ÉROSINE.

Les accents dont il eſt le maître,
Touchent le cœur le plus glacé.
S'il ſent les plaiſirs qu'il fait naître,
Combien il eſt récompenſé!

LE CHŒUR.

Les accents, *&c.*

(*On danſe.*)

ZAMNIS.

On n'a point vu, dans Vénus même,
Un ſecret ſi beau de charmer,
Pour enchanter l'amant qu'elle aime.
Éroſine ne ſait qu'aimer.

LE CHŒUR.

On n'a point vu, *&c.*

ZAMNIS.

Pouroit-on, ſous ſon tendre empire,
Ne pas toûjours mieux s'engager ?
Elle plaît, comme elle reſpire,
Sans aucun art, ſans y ſonger.

ZAMNIS & le CHŒUR.

Elle plaît, comme elle reſpire
Sans aucun art, ſans y ſonger.

(L'Acte eſt terminé par un Divertiſſement général, qui finit l'Opera.)

FIN.

APPROBATION.

J'Ai lu, par ordre de Monſeigneur le Vice-Chancelier, *les Fêtes Liriques*, Ballet-Hérïoque en trois Entrées de différents Auteurs. A Paris, ce 25 Juillet 1766.

DEMONCRIF.

www.ingramcontent.com/pod-product-compliance
Lightning Source LLC
LaVergne TN
LVHW050215180726
843501LV00012BA/1763
* 9 7 8 2 3 2 9 6 6 8 2 9 1 *